Ziel Südpol

Siggi Sawall

Ziel Südpol

Bibliografische Information der Deutschen Nationalbibliothek:
Die Deutsche Nationalbibliothek verzeichnet diese Publikation in
der Deutschen Nationalbibliografie; detaillierte bibliografische Daten
sind im Internet über http://dnb.d-nb.de abrufbar.

Lektorat, Redaktion: Peter Fichte
Layout, Covergestaltung: Véronique Griechen
Herstellung und Verlag: BoD - Books on Demand, Norderstedt

ISBN: 978-3-7534-7822-7

Inhaltsverzeichnis

Vorwort

Meine Buchreihe „Rund um die Welt – vom Nordpol bis zum Südpol" endet mit diesem Buch sozusagen am anderen Ende der Welt.

Mit dem „Corona-Jahr" 2020 ging ein außergewöhnliches Jahr in die Geschichte ein, und mit dem Jahr 2021 hat gerade ein Jahr begonnen, dessen Herausforderungen noch größer sein und uns noch lange Zeit beschäftigen werden.

Das Geschehen öffnet unseren Blick für die fortgeschrittene Globalisierung der Welt mit allen Risiken und weit über die Gesundheit sowie die ökonomischen Folgen hinaus.
Risiken in einer Welt, die wir Menschen neu denken, ordnen und gestalten müssen – will die Menschheit überleben.

In diesem Zusammenhang fallen mir die vorausschauenden Worte von Heinrich Heine ein, dass „allein die Erde unser Vaterland" sein wird.

Können Sie sich noch an das Millennium-Jahr 2000 erinnern?
Jubel ohne Ende … endlich ist es da!
„Prosit Millennium – juchu, jucho …!"

Es kann doch nur noch aufwärts gehen:
schneller, weiter, höher, …

Aber wohin?

Der Mensch dringt immer mehr in den Weltraum und zu den Gestirnen vor.
Aber hat ein entsprechender Fortschritt in der von Menschen geschaffenen Ordnung auf der Erde stattgefunden?

Trotz aller hochgelobten und gefeierten Errungenschaften der Zivilisation und aller technischen Fortschritte sind die Menschen bis heute doch geblieben, wie schon unsere Ahnen waren.
Von Leid und Last, aber auch von Tränen geprägt.

Noch immer vernichten wir einander, ob in Kriegen oder täglichen Überfällen.
Tötungen, für die es keine Begründungen gibt.

Im Gegenteil: Die Polarisierung lässt immer mehr Scheinheiligkeit erkennen.
Die Menschen werden immer mehr gegeneinander ausgespielt.

Worin besteht eigentlich der Sinn des menschlichen Lebens?
Ist das nicht der Sinn, den wir Menschen unserem Leben gegeben haben?

„Wie, du willst zum Südpol? Da geht doch keiner freiwillig hin!", so lauteten die Kommentare, als ich den Entschluss fasste, zum südlichsten Ende der Welt zu reisen. Andere fragten: „Haben Sie keine Angst?"

Extreme Wettererscheinungen gibt es auch in unseren Breiten: Zyklone, Regen und Überschwemmungen.
Verschneite Dörfer, im Schnee steckengebliebene Züge.
Glatteis, Tote und Chaos auf den Straßen – so auch 2021.

Das Auto ist mehr oder weniger ein Prestigeobjekt geblieben. Ein blankgeputztes oder gar neues Auto hatte schon früher für die meisten Menschen eine höhere Priorität als ein Aufbruch zum Südpol.

Den Parka von seiner Antarktis-Expedition hat Siggi Sawall immer noch

Bolivien

Die Exkursion zur Antarktis erfolgt in Etappen.

Die erste Etappe führt mich zur höchstgelegenen Hauptstadt der Welt, La Paz in Bolivien.
Sie liegt nicht weit entfernt vom Titicacasee, über den ich ausführlich in meinem Buch „Zwischen Amazonas und Titicacasee" (Band 17 der Buchreihe) berichtet habe.

La Paz liegt in einer Höhe von etwa 3.600 Meter, in einem Talkessel im Schatten des 6.439 Meter hohen Illimani.

Es ist bereits dunkel, als der Anflug auf die bolivianische Hauptstadt beginnt.
Tausende Lichter erstrahlen in einem weitläufigen Tal.
Unzählige Laternen und Funzeln flackern und erinnern an eine Märchenwelt.

Im Gegensatz zu sonstigen Gepflogenheiten lebt im oberen Teil der Stadt, auf etwa 4.050 Meter Höhe, die arme Bevölkerung. Ihre Behausungen sind umgeben von Produktionsstätten und Industriebetrieben.

In der 800 Meter tiefer gelegenen City leben die Begüterten.

Hier ist es angenehm zu leben.

Eine Welt der eleganten Avenidas, wie z.B. der „Avenida 16 de Julio", mit Restaurants, Hotels, Hochhäusern, Palmen und Schwimmbäder.

Denkmäler von Persönlichkeiten wie das von „Simon Bolivar", der majestätisch hoch zu Ross den Säbel schwingt.
Nach ihm wurde das Land bezeichnet, weil er als gefeierter Volksheld die Spanier besiegte.

Täglich setzt sich ein Strom von Menschen aus dem oberen Stadtteil in Bewegung nach unten, auf einer serpentinenförmigen Straße und vorbei an hohen Steilwänden.

Vor allem Frauen, bepackt mit Körben, in denen Verkaufsartikel liegen, die sie in der City auf Märkten oder am Straßenrand anbieten.

Einer der Märkte nennt sich „Hexenmarkt".
Hier werden außergewöhnliche Produkte angeboten, wie z.B. Embryos von Lamas.
Sie gelten als Glücksbringer beim Bau von Häusern.

Die Märkte sind im Angebot vielfältig.
Verkäufer bieten unter anderem Koka-Blätter an. Sie sollen das Leben der Menschen „erleichtern", damit sie „glücklicher" sind.

In Bolivien spricht man Spanisch.

Erstmals in der Geschichte des Landes wurde 2006 mit Evo Morales ein Indio als Staatspräsident gewählt.
Als Erstes führte er eine kleine Bodenreform durch, und jeder Bürger erhielt vier Hektar Boden.
Das mag wenig erscheinen, aber darauf kam es nicht an.

Ein Stückchen Land sein Eigen zu nennen und selbst darüber zu bestimmen, hatte psychologisch eine unglaublich starke Tiefenwirkung.
In einem Land, in dem bisher nur Eigentümer von Haciendas Land besaßen und allein bestimmten, stärkte diese Entscheidung das Selbstbewusstsein der Menschen.

Evo Morales war ein auffälliger Typ.
In der Öffentlichkeit und im Fernsehen erschien er stets mit Pullover (Chompa) und traditioneller Lederjacke (Chamarra).

Neben der Bodenreform erweiterte er die Schulpflicht auf fünf Jahre.

Bei Frauen senkte er das Heiratsalter auf 15 Jahre, das der Männer auf 19 Jahre, vorausgesetzt sie hatten ihren Militärdienst abgeleistet.

Die Infrastruktur des Landes, das von der Fläche her dreimal so groß ist wie Deutschland, ist mangelhaft.
Von La Paz verkehrte bis Ende der 1990er Jahre nur einmal in der Woche ein Triebwagen nach El Alto. Dann wurde die Strecke still-

gelegt. Seitdem ist La Paz nur noch per Bus oder Flugzeug mit dem Rest des Landes verbunden.

Abenteuerlich ist es auf Boliviens Straßen.
Nebelschwaden, Feuchtigkeit und Regen behindern den Verkehr. Das alles scheint die meisten Autofahrer kaum zu berühren. Ihre Fahrweise ist auch in den Kurven aggressiv.

In den Straßen eine Vielzahl von Holzkreuzen. Sie erinnern an tödlich Verunglückte.
Eigentlich Warnung genug, es müssten die Alarmglocken schellen ...
Aber was soll's? Am Straßenrand gibt es doch genug mobile und feste Werkstätten.

Das Auto gilt, wie in Deutschland, als „heilig".
Einen Neuwagen lässt man in Bolivien sogar kirchlich segnen.
Der Glaube versetzt Berge ... Vielleicht hat man dann weniger Unfälle und spart sogar die „Sicherheitsprämie".

Landwirtschaft wird noch in einer Höhe von 4.000 Meter betrieben, vor allem Kartoffelanbau und der Anbau von Koka-Pflanzen. Offiziell heißt es, dass die Koka-Blätter als Teegetränk verwendet werden, außerdem werden sie für die traditionelle Medizin eingesetzt.

Der Anbau von Koka-Pflanzen ist für die Menschen lebensnotwendig, denn sie gewährleisten damit ihren Lebensunterhalt.

Die Bolivianer sind tief in ihrer Tradition verwurzelt.
Frauen tragen, was ihre Vorfahren schon trugen.

Auffallend sind – wie in Peru – die glockenförmigen Röcke.
Sie werden gleich sechsmal übereinander getragen.

Die Haarmode ist geprägt durch den dicht geflochtenen Zopf, der unter dem melonenförmigen Hut bis auf die Schulter reicht.

Frauen säugen ihr Baby in aller Öffentlichkeit, ob auf den Stufen zum Eingang einer Kirche oder anderswo.
Unbekümmert holen sie ihre ganze Brust hervor und stillen in aller Ruhe ihr Baby.
Eingewickelt in eine Decke genießen die Babys die körperliche Wärme der Mutter.
Kleinkinder werden in einem Tuch auf dem Rücken getragen.
Bilder, die man auch aus Afrika und Asien kennt.

Von der Hauptstadt aus besichtigen wir am letzten Abend unseres Aufenthalts das rund 75 Kilometer westlich von La Paz entfernte „Sonnentor" (Puerta del Sol) von Tiwanaku, das aus einem einzigen Felsblock gehauen wurde – eine Kultstätte, die auch als Wahrzeichen Boliviens gilt. Das Sonnentor ist 2,85 Meter hoch und 3,82 Meter breit. Doch welchem Zweck das Sonnentor genau diente, weiß man bis heute nicht.

Wenn die Sonne untergeht, erklingt leise das Lied „El Condor Pasa" und der Condor schwingt sich in die Lüfte ...

Argentinien

Gleich nach der Landung in Buenos Aires spielt der Bordlautsprecher das Fußball-Lied „Buenos Dias Argentina" von Udo Jürgens und der deutschen Fußball-Nationalmannschaft ... und die Passagiere an Bord singen stimmgewaltig mit.
Wir befinden uns offensichtlich in einem fußballbegeisterten Land.

Das Lied ist schon mehr eine Fußball-Hymne und deutet auf das tiefe Gefühlsempfinden der Menschen hin.
Das Gefühl hat ein Gesicht bekommen, und zwar durch das Idol Diego Maradona, der die Trikotnummer 10 in der argentinischen Nationalmannschaft trug.
Die Begeisterung ging sogar so weit, dass ein Parlamentarier einen Antrag stellte, die Nummer „10" auf Lebenszeit an Maradona zu übertragen.

In Volkes Seele tief verwurzelt heißt es nur:
„Er ist einer von uns!"

Unvergesslich mit Maradona ist die „Hand Gottes", die in Wirklichkeit seine eigene war und mit der er sein Handspiel entschuldigte.

Buenos Aires

Die Hauptstadt gehört mit neun Millionen Einwohnern zweifels-
ohne zu den Metropolen der Welt.
In ihrer Struktur erinnert die Stadt an Paris.

Im Zentrum laufen die Straßen netzartig zusammen, was der
Hauptstadt einen geordneten Eindruck verleiht.
Sie erstreckt sich auf einer Fläche von 350 Quadratkilometer.
Inmitten die 20 Kilometer lange „Avenida Rivadavia", die die läng-
ste Stadtstraße der Welt ist. Sie führt von der Stadtmitte bis an die
Peripherie.

Imponierend ist auch die „Avenida 9 de Julio" mit einer Breite von
140 Meter und acht Fahrbahnen.
Die Straße ist die breiteste Boulevardstraße der Welt. In ihrer Mitte
steht ein 40 Meter hoher Obelisk, der aus Anlass des 400-jährigen
Stadtgründungsjubiläums errichtet wurde.

Am Abend erstrahlt die Stadt in einer prachtvollen Kulisse.
Leuchtende Springbrunnen und glitzernde Lichtreklamen ver-
leihen dem Gesamtbild eine ganz besondere Note. Das Leben
pulsiert.
Tausende von Autoscheinwerfern und Menschen über Menschen,
wie ein quirliger Ameisenhaufen.

Argentinien ist ein Einwanderungsland, ein „Land ohne
Argentinier".

Denkmäler, die Argentiniens Generälen gewidmet sind.
Die Geschichte des Landes scheint eine Geschichte der Generäle gewesen zu sein.

Ruhig ist es dagegen in den Fußgängerzonen.
Von hier aus gelangt man in die „Altstadt", den italienisch geprägten Stadtteil „La Boca".

Mit „La Boca" ist eigentlich die Mündung des Flusses „Riachuelo" gemeint, der in den „Río de la Plata" mündet.

In La Boca leben auch andere Nationalitäten, wie Spanier und Kroaten.

Die Bewohner von La Boca sind keineswegs nur gut begüterte Menschen.
Viele von ihnen waren einst Hafenarbeiter, die hier auch gleich ihre bunten Häuser bauten.
Sie errichteten ihre Häuschen abschnittsweise, und zwar aus den Resten von abgewrackten Schiffen.
Dabei verwendeten sie z.B. Schiffsplanken und -bleche.
Mit übrig gebliebenen Farbresten strichen sie ihre recht einfachen Häuser sozusagen „kleckerweise", also so lange der Vorrat reichte.

So entstand ein kunterbuntes Mosaik, das heute noch eine Attraktion ist und viele Besucher anzieht.

La Boca hat viele Kneipen und Feinschmeckerlokale. Niemand braucht hier verdursten oder verhungern.

Die meisten Lokale nennen sich einfach „Cantina", sehen aber durchaus seriös aus.

Auf der Straße „Caminito" präsentiert sich die Kunstszene, die vielfältig strukturiert ist – von der Malerei bis hin zur Musikszene, insbesondere der Tango-Szene.

Und wo Musik ist, treffen sich in der Regel fröhliche Menschen – oder sie werden fröhlich.

Man singt spontan, egal ob man gut singen kann oder nicht.

Hier „geht die Post ab"!

Tango Argentino

Es fängt langsam an … „Darf ich bitten?"

Wehmütige Klänge.

Ein Tanz der Sehnsucht …, „geboren" aus Traurigkeit.

Aus zunächst „sportlicher Entfernung" tauscht man Blicke aus.

Dann erfolgt eine kurze, aber sinnlich tiefgründige Umarmung.

Im Takt der Musik wiegen sich die Paare im Tanz weit nach unten, dann schwungvoll hoch!

Wieder sehnsüchtige Blicke. Wange an Wange.

Der Tango ist ein Spiegelbild der Gefühle und nicht nur ein einfacher Tanz.

Der Tango Argentino ist ein Stück Kultur und wurde im Jahr 2009 zum Weltkulturerbe-Tanz erhoben.

In das Land der Gauchos

Begleitet von Sonnenschein ist die Fahrt mit Land Rovern in die Weite Argentiniens, das sich über eine Strecke von fast 3.700 Kilometer von den Tropen bis fast zur Südspitze Amerikas erstreckt.
Das entspricht etwa der Entfernung von Tunis nach Hammerfest, der nördlichsten Stadt der Welt.
Mit einer Gesamtfläche von rund 2,8 Millionen Quadratkilometer ist Argentinien elfmal so groß wie die ehemalige Bundesrepublik Deutschland (oder: mehr als 7 ½-mal so groß wie das heutige Deutschland).

Vor uns liegt die Pampa, eine unübersehbare Ebene ohne Bäume. Ihre Größe entspricht ungefähr der Fläche Frankreichs.
Sie wird vor allem landwirtschaftlich genutzt und nimmt ein Fünftel der Gesamtfläche Argentiniens ein.

Nach einer Stunde erreichen wir San Antonio de Areco, den Hauptort der Gauchos.

Hier besuchen wir Argentiniens berühmtesten Gaucho-Maler, Miguel Ángel Gasparini, der uns durch sein Gartenhaus führt und mit ein paar Farbstrichen das Leben der Gauchos skizziert.

Gauchos sind die berittenen Viehhirten der Pampa.
Typisch sind ihre Reitpferde, aber auch die Strohdächer ihrer Häuser.

Auf einer Farm werden Reiterspiele vorgeführt, während wir an langen Tischen sitzen, die überdacht sind.
Hier werden wir mit Rotwein, Pferdewurst und Käse begrüßt.

Grillstände, auf denen argentinische Steaks – „Steaks natur" – gebraten werden.
Ohne Fett und Gewürze, nur ganz leicht gesalzen.

Offene Stallungen, in denen sich die Reitpferde aufhalten.

Wir dürfen auch reiten, aber die Gäule sind lahm.
Ob sie merken, dass auf ihnen nicht die echten Reiter sitzen?

Sobald die echten Gauchos sie reiten, spüren sie allein von der Haltung her, dass auf ihnen keine „Plumpsäcke" sitzen.
In dem Moment, wo die Gauchos die Zügel in die Hand nehmen, galoppieren sie auch los.
Zwischendurch Peitschenhiebe!

Purer Sonnenschein.

Auffällig nicht nur die Reitpferde, sondern auch die Autos mit sonderbaren Formen.

Karosserien, viereckig wie Würfel.

Sie fahren auch ...

Wie „Stoppelhopser" rollen sie durch die Pampa.

Während unseres Aufenthalts erfahren wir, dass sich Argentinien und Chile im Kriegszustand befinden, so dass noch am selben Tag unsere Rückfahrt nach Buenos Aires stattfindet.

Dort besuchen wir noch ein „Pinguin-Restaurant".
Jährlich werden in Argentinien etwa 50.000 Pinguine verspeist ...

Von hier aus soll am nächsten Morgen ein Flug nach Rio Grande im Süden Argentiniens stattfinden und ein Bus uns ins etwa 200 Kilometer entfernte Ushuaia, die südlichste Stadt der Welt, bringen.

Flug ins Ungewisse

Der Flug nach Rio Grande (Patagonien / Feuerland) ist kein gewöhnlicher Flug.

Schon um 07.00 Uhr früh starte das Flugzeug unter gewissen Auflagen, die die Passagiere einzuhalten haben:

1. Das Flugzeug wird vollkommen verdunkelt, die Jalousien an den Fenstern müssen geschlossen bleiben.

2. Absolutes Fotografier- und Filmverbot.

Die Flugzeit beträgt 3 ½ Stunden, eine Zeit, die einfach nicht ver-
gehen will.
Ungeduldig schiebe ich zwischendurch für Zentimeter die Fenster-
Jalousie nach oben, aber ich sehe nur Wolken, Dunst und Nebel.
Trotzdem genügt dieser kurze Blick nach draußen, um meine Seele
frei zu machen.

Streitpunkt des Krieges zwischen Argentinien und Chile sind drei
kleine Inseln im Süden des Kontinents.

Argentinien hat seine Armee im Süden konzentriert und seine
Stellungen ausgebaut.
Der Süden ist militärisches Sperrgebiet.

Diese Art Expedition war nicht geplant, obwohl Expeditionen nun
mal den Charakter von Überraschungen mit sich bringen.
Man weiß nicht, wie sie enden werden.

Von Rio Grande ist Ushuaia, die südlichste Stadt der Welt und
gleichzeitig die Hauptstadt des argentinischen Teils von Feuerland,
268 Kilometer entfernt.

Wir erreichen Feuerland

Hier siedeln 8.000 Einwohner, und 780.000 Schafe fristen hier ihr Leben.
Umgerechnet kommen auf ein Schaf vier Hektar Land.

Die Landschaft wird hügelig, die Straße ist umgeben von Wald.
Neben der Schotterstraße liegen abgeholzte Bäume.

Aufgeforstete Waldstücke.

Feuerland ist ein einziger Nationalpark, von dem ein Teil zu Argentinien und der andere zu Chile gehört.

Am Fuße der bewaldeten Hügel Seen und Ausläufer des Beagle-Kanals.

Seen, umsäumt von Wald, und blühende, hochgewachsene Lupinen.
Ursprünglich und wunderschön, wie im Märchenwald.

Der Name Feuerland ist vermutlich auf die vielen „Feuerchen" zurückzuführen, die die Ureinwohner – Landnomaden der „Onas" und Seenomaden der „Yámana" – in kalten Nächten angezündet haben.

Nach zweistündiger Busfahrt erreichen wir die 4.500 Einwohner zählende Stadt Ushuaia.

Ushuaia

Ushuaia ist Ausgangspunkt der Expedition in die Antarktis.
Wir befinden uns auch hier im militärischen Sperrgebiet.

Unverkennbar die rot-weiß gestrichene „World Discoverer".
Sie wurde speziell für Exkursionen mit Expeditionscharakter gebaut.
Das Schiff ist nach neuestem technischem Standard ausgestattet und vom „American Bureau of Shipping" (ABS) in die höchste Eisklasse eingestuft.
Das bedeutet, dass das Schiff Passagiere für Fahrten in die Antarktis aufnehmen kann.

Am nächsten Morgen verlässt die „World Discoverer", was so viel wie „Weltentdecker" bedeutet, Ushuaia und nimmt Kurs auf Kap Hoorn, das zu Chile gehört.

Und genau darin liegt die Brisanz!
Chilenische Hoheitsgewässer darf unser Schiff nur unter der Voraussetzung passieren, dass wir von einem chilenischen Kriegsschiff einen Lotsen übernehmen, der uns begleitet.

Die Fahrt geht durch den Beagle-Kanal, der an seiner engsten Stelle nur zwei Kilometer breit ist.
Ein farbenprächtiger Regenbogen, der an dieser Stelle den Kanal überspannt!
Links und rechts etwas über 1.000 Meter hohe Bergmassive, die

diese Stelle umrahmen.
Eine ungewöhnliche Ruhe, die unser Schiff begleitet.

Die See wird am Kap Hoorn unruhig.
Windstärke 9!
Im Schiffstagebuch steht bei der Positionsbeschreibung nur „Schiff rollt".

In den Tagen der Segelschifffahrt war die Umrundung von Kap Hoorn eine der gefährlichsten Routen der Welt.

Kap Hoorn

Das Kap ist die südlichste Spitze Südamerikas.
Ein 424 Meter hoher Felsen, der seinen Namen dem holländischen Seefahrer „Willem Cornelisz Schouten" verdankt, der ihn am 29. Januar 1616 umfuhr. Schouten benannte ihn nach seiner Vaterstadt „Hoorn".

Plötzlich aufkommende Stürme und Nebelbildungen verbunden mit hohem Seegang führten dazu, dass über 600 Schiffe, vor allem Segelschiffe, an den Felsen des Feuerland-Archipels zerschellt sind.
Hier befindet sich der größte „See-Friedhof" der Welt.

Ein Sprichwort unter Seeleuten lautet:
„Willst du alt werden, meide Kap Hoorn!"

Der Meeresabschnitt zwischen Kap Hoorn und der Nordspitze der Antarktischen Halbinsel ist die „Drake-Passage". Sie ist etwa 480 Seemeilen (rund 900 Kilometer) breit.
Hier prallen die größten Meere auf unserer Erde, der Atlantik und der Pazifik, mit großer Wucht aufeinander.

Riesige Wellen, die vom Bug her über das Schiff rollen.
Dann von der Steuerbordseite (rechts) nach Backbord (links).
Der Bug der „World Discoverer" taucht wieder unter, das Schiff wird zum Spielball der Naturgewalten.

Die Passagiere müssen in den Kabinen bleiben und sich gegebenenfalls in den Kojen anschnallen.
Beim Stehen wäre eine absolute Gefahr, wie ein Raketengeschoss durch die Kabine zu fliegen.

Wenig nutzt das sogenannte „Anti-Roll-System", das das Schiff stabilisieren soll.
Gegen diese Naturgewalten ist kein Kraut gewachsen.

Eine wilde See!
Wellentäler, die das Schiff 18 Meter tief fallen lassen.
Im nächsten Moment „tanzt" die World Discoverer auf dem Wellenkamm.

Als wolle der Wettergott die Exkursion in die Antarktis verhindern oder zumindest erschweren, um die Geheimnisse unseres Planeten nicht restlos freizugeben.

Kreuz und quer durch die Antarktis

Bereits vor der Einfahrt in die Inselwelt der Antarktischen Halbinsel beruhigt sich das Meer.
Ruhig ist die See auch in der ersten Nacht im antarktischen Meer.
Alle haben gut geschlafen.

Tagsüber Ausgabe der pinkfarbenen Parkas, speziell hergestellt für Expeditionen in der Antarktis.
Pinkfarben auch die Rettungswesten, die in der Kabine deponiert sind.

Das Besondere an den Parkas ist, dass sie mit einer Aluminiumfolie gefüttert sind.
Dies aus Sicherheitsgründen, denn in der Antarktis können plötzlich Winde von bis zu 380 km/h aufkommen.
Ohne die Aluminiumfolie würde man in Minuten erfrieren.

Es ist 05.00 Uhr morgens am nächsten Tag, als mein Freund Hans mit seiner Filmkamera in halbschiefer Haltung am Bullauge steht.
Er filmt und filmt.
Lautstark ruft er meinen Vornamen: „Siggi, Siggi, komm bloß!"

Eismassen, die am Schiffsrumpf vorbeischrammen.
Eisschollen, übereinander und ineinander gestapelt.

Dichter Schneefall am Nachmittag.

Die Matrosen versuchen, das Deck zu räumen. Eine Arbeit ohne sichtbaren Erfolg.

Der antarktische Sommer zeigt sich recht winterlich.
Er beginnt Ende November eines Jahres und endet im März / April des folgenden Jahres.

In diesem Zeitraum geht die Sonne nicht unter, es ist Tag und Nacht hell.

Im antarktischen Winter hingegen ist es 24 Stunden am Tag dunkel.

Die Jahresdurchschnittstemperatur beträgt am Südpol -55,5 Grad.

Auf dem Plateau des Südpols sind auf der russischen Wostok-Station sogar Minus-Temperaturen von 89,2 Grad Celsius gemessen worden.
Am 23. Juli 2004 wurde nordwestlich der Forschungsstation durch Satellitenmessungen sogar eine Oberflächentemperatur von -98,6 Grad Celsius registriert.

Spricht man von der Antarktis, ist damit auch der Südpol gemeint, obwohl es einen Unterschied gibt.

Der Südpol ist im allgemeinen Sprachgebrauch der südlichste Punkt der Erde.
Er entspricht dem südlichen Drehpunkt der Erdachse und liegt auf

dem antarktischen Kontinent.

Er wird auch als geographischer Südpol bezeichnet und liegt auf der geographischen Breite von 90° 0′ 0″ Süd.

Von hier aus blickt man in jeder Richtung nach Norden.

Die Antarktis umfasst die um den Südpol gelegenen Land- und Meeresgebiete, also im Groben den Kontinent Antarktika und den Südlichen Ozean (Südpolarmeer, Antarktik). Sie wird durch den südlichen Polarkreis begrenzt und reicht somit vom Südpol bis 66° 33′ südlicher Breite.

Auf der Landmasse der Antarktis lastet eine zwischen 1.100 und 4.500 Meter dicke Eisschicht.

Sie umfasst 21,2 Millionen Quadratkilometer und ist damit flächenmäßig so groß wie die Kontinente Australien und Europa zusammen.

Die Antarktis ist der zweitgrößte Kontinent der Erde.

Das Antarktische Meer mit seiner Inselwelt liegt wie ein Gürtel um die Landmasse „Antarktis".

Gegenüber dem Südpol liegt der Nordpol, mitten in der größten Eismasse der Welt.

Sie hat etwa die gleiche Fläche, wie die USA.

Den Nordpol-Punkt auf der geographischen Breite von 90 °0′ 0″ Nord hat der Autor – wie im ersten Band seiner Buchreihe „Vom Nordpol zum Südpol" beschrieben – mit dem größten

Atomeisbrecher der Welt, der russischen, 75.000 PS starken „Yamal" erreicht.

Ein Phänomen, wie fünf bis sechs Meter dickes Eis gebrochen wird.

Es entsteht eine Fahrrinne, die nach 10 Minuten wieder zufriert.

An Bord der „World Discoverer" trifft man Menschen verschiedener Nationalitäten.
Menschen, die die gleichen Interessen haben:
- die Tier- und Vogelwelt,
- sich den Naturgesetzen anzupassen,
- das ökologische Gleichgewicht wieder herzustellen.

Am nächsten Tag herrscht strahlender Sonnenschein.
Kein Wölkchen ist am Himmel zu sehen!

Der erste Eisberg

Für alle ein besonderes Ereignis.

Die Passagiere stürmen das Deck, Film- und Fotokameras im Anschlag.
Man hört nur das Surren der Filmkameras und das Klicken der Fotoapparate.
Der Eisberg wird von allen Seiten aufgenommen.
Es ist still, denn jeder verarbeitet erstmal das Erlebnis.

Von der Brücke kommen nähere Angaben zum Eisberg:
Der spitzeckige Eisberg hat eine Höhe von 73 Meter, gemessen von der Wasseroberfläche.
Nur etwa ein Siebtel der Eismasse ragt über die Wasseroberfläche. 85 bis 90 Prozent des Eisbergs befinden sich unter Wasser, wobei er sich wie ein Wurzelgeflecht unter Wasser ausbreitet. Deshalb sind Eisberge für die internationale Schifffahrt sehr gefährlich.

Strömungen treiben die Eisberge weit in die Meere – bis hin zum Äquator.
Wer vermutet schon in der Nähe des Äquators einen Eisberg, auch wenn er nur noch ein weitestgehend geschmolzener Eisklumpen ist?

Der größte zum Zeitpunkt meiner Reise registrierte Eisberg hatte eine Länge von 72 Kilometer, eine Breite von 40 Kilometer und eine Höhe von 300 Meter. Damit war er so groß wie Insel Mallorca.
Eine Eismasse, die ausreichen würde, um die gesamte Bevölkerung des damaligen Jugoslawien mit ca. 20 Millionen Einwohnern für 100 Jahre mit Trinkwasser zu versorgen.

Eisberge in der Form von Kathedralen mit spitzen Eistürmen.

Tafeleisberge mit glatter Ebene, die direkt über der Wasseroberfläche tunnelartige Eingänge haben.
Höhlenförmige Plattformen, wie Bühnen.
Die ständige Brandung hat diese „Kunstwerke" entstehen lassen.

Würde die bis zu 4.500 Meter dicke Eisschicht auf dem Südpolplateau schmelzen, stiege der Meeresspiegel aller Meere um 50 Meter.

Was die Antarktis zum Eiskontinent werden ließ, hat man bis heute nicht ergründen können.

Die Antarktis ist eines der vielen ungelösten Rätsel auf unserem Planeten.

Eis reizt die Forscher schon seit Menschengedenken, weil es Antworten über die Entstehung unserer Erde und sogar unseres ganzen Sonnensystems geben kann.

Die Antarktis ist fast komplett keimfrei.
Eis kühlt, konserviert und isoliert.
Bakterien und Viren haben in der endlosen Eis-Ebene keine Chance, sich zu vermehren.

Während des antarktischen Winters gibt es hier weniger Krankheitserreger, als in modernen Operationssälen.

Vor etwa 200 Millionen Jahren herrschte im Gebiet der Antarktis noch ein vollkommen anderes Klima, auch die Tierwelt war eine andere.

In Kohleflözen findet man noch Spuren von Fossilien und Abdrücke von tropischen Pflanzen.

Die Antarktis ist reich an Bodenschätzen – ein Augenmerk vieler Nationen, die ihr Interesse auf die Antarktis lenken.
Umso wichtiger ist der im vorigen Jahrhundert abgeschlossene Antarktisvertrag.

Antarktisvertrag

Das Wichtigste steht in der Präambel, nämlich dass die Antarktis ausschließlich friedlichen Zwecken dient und besonders der wissenschaftlichen Forschung vorbehalten bleibt.
Die Staaten, die Ansprüche oder Anspruchsvorbehalte in der Antarktis haben, verpflichteten sich, ihre Gebietsansprüche ruhen zu lassen und auf die wirtschaftliche Ausbeutung oder militärische Nutzung zu verzichten. Stattdessen wollen sie die Antarktis gemeinsam wissenschaftlich erforschen.

Der zweitgrößte Kontinent der Erde gehört also **niemandem**, keiner Nation!

Alles, was dort geschieht, geschieht im Interesse der gesamten Menschheit.

Interessant ist, welche Nationen diesen wichtigsten Vertrag der letzten 100 Jahre abgeschlossen haben.
Unter den zwölf Staaten, die den Antarktis-Vertrag am 1. Dezember 1959 unterschrieben, sind auch die Großmächte USA und die damalige Sowjetunion (Russland und Sowjetrepubliken).

Seit 1961 haben weitere 33 Staaten, darunter auch Deutschland, diesen Vertrag unterschrieben.

Schon längst ist der 1961 zunächst für 30 Jahre geltende Vertrag abgelaufen, aber es scheint, als ob sich die Staaten noch heute daran halten würden.
Dabei ist das Interesse an der Antarktis heute sicherlich besonders groß, denkt man nur an die Bodenschätze.

Wichtige Punkte im Vertrag sind:
- Verbot militärischer Stützpunkte sowie der Erprobung von Waffen jeglicher Art;
- Verbot militärischer Manöver;
- Nukleare Explosionen oder Entsorgung radioaktiven Abfalls sind verboten;
- Gegenseitige Kontrolle.
Um das sicherzustellen, kann jederzeit der Umfang wissenschaftlicher und logistischer Maßnahmen von den Mitgliedsstaaten inspiziert werden.

Wohin mit dem Atommüll?

Die Idee, den Atommüll in stillgelegten Bergwerken luftdicht zu deponieren oder auf dem Meeresboden zu lagern, löst nicht das Problem!

Faszinierend ist die Idee – zumindest hört sie sich so an ... – den Atommüll auf Nimmerwiedersehen in den Weltraum zu transportieren.

Dabei ist aber nicht auszuschließen, dass eine Rakete beim Verlassen unserer Erde explodiert.

Damit wäre mit einem Schlag unser gesamter Planet atomverseucht.

Das Motto „Aus den Augen, aus dem Sinn" ist eine typisch menschliche Eigenschaft, wie man sie auch im eigenen Haushalt und im täglichen Leben hier und da erlebt.

Der Antarktisvertrag reserviert den Kontinent ausschließlich für friedliche Zwecke und setzt territoriale Ansprüche aus.

Resultierend aus dem Geist des internationalen Vertrags findet auf der „World Discoverer" vor jeder Exkursion eine Routenbesprechung statt, geleitet von einem Lektor.

Lektoren führen die Exkursionen zu den einzelnen Forschungsstationen.

In der Routenbesprechung erfolgen auch technische Hinweise, die das Betreten und Verlassen der Zodiacs betreffen.

Zodiacs sind robuste Festrumpf-Schlauchboote mit einem mehrfachen Luftkammersystem. Der größte Vorteil dieser Boote ist, dass ein Zodiac bei Beschädigungen – z.B. durch spitze

Eisbrocken – nicht direkt sinkt.

Das wäre für die Passagiere der sichere Tod, der im eiskalten Wasser nach etwa zwei Minuten eintreten würde.

Exkursionen werden von den Lektoren in kleinen Gruppen geführt.

Ohne Schwimmweste darf niemand von Bord;

Die Ausbootung erfolgt über eine Art „Strickleiter" an der Außenwand des Schiffs hinunter auf einen Ponton (schwimmende Plattform), von wo aus mit Hilfe von zwei kräftigen Seeleuten (Unterarm zu Unterarm) der Einstieg in das Zodiac erfolgt.

Das Ganze ist schon mehr ein „Hineinhieven" in das Schlauchboot ...

Beginnend am Außenbordmotor ist auf dem Tragschlauch Platz zu nehmen. Erst wenn ein Passagier sitzt, darf der nächste ins Zodiac steigen – aus Sicherheitsgründen.

Auf dem Tragschlauch befinden sich Haltegriffe, an denen man sich festhält. Sitzbänke oder Ähnliches, wie auf einem Ausflugsdampfer, gibt es nicht.

An Land werden die Schwimmwesten stapelweise abgelegt.

Auf diese Weise hat man eine Kontrolle, wie viele Teilnehmer noch an Land unterwegs sind – ein einfaches Kontrollsystem.

In der Weite der Schneelandschaftverliert man den Einzelnen schnell aus den Augen, und Unfälle kann man nicht ausschließen.

Daher spielen die pinkfarbenen Expeditionsparkas eine wichtige Rolle für die Sicherheit der Passagiere.

Die pinkfarbenen Parkas sind im Inneren mit einer Aluminiumfolie ausgestattet, denn in der Weite der Eis- und Schneelandschaften können plötzlich Winde von 358 km/h aufkommen.
Ohne diese Folie würde man erfrieren.

Der erste Schritt auf antarktischem Boden

Ich gehe ein paar Schritte, bleibe dann stehen und rieche die Luft.
Aber ich rieche nichts.
Ein zügiger Wind, der um meine Nase saust.

Ich gehe weiter über Geröll, Eisflächen und Schneereste.

Grauer Himmel.
Ich sehe keinen Vogel fliegen.
Lebt hier überhaut jemand oder etwas?

Auf einem Hügel liegt eine seit Jahrzehnten von den Chilenen auf-gegebene Forschungsstation – oder besser gesagt ihre Reste.
Offen stehende Fenster und Schneewehen in den Räumen.
Frost und Schnee haben die Fenster aufgedrückt.
Schneewehen, die sich in die Räume geschoben haben.
Die Kräfte der Natur haben gewirkt.

Nur die Eingangstür ist noch eingeklinkt.
Türen werden nicht verschlossen.
Wer soll hier auch schon vorbeikommen?

In den Räumen sieht es trostlos aus.
Selbst im Schlafraum sind Schneewehen.
In der Küche hat sich eine Pinguinfamilie „wohnlich eingerichtet".

Die Antarktis ist für Menschen lebensfeindlich.

Wie mag es erst in der Winterzeit sein, wenn es rund um die Uhr dunkel ist?

Ich bin froh, wieder auf der World Discoverer zu sein und die Vorzüge der Zivilisation zu genießen.

Schiffspassage durch den Lemaire-Kanal

Spitze, eis- und schneebedeckte Bergformationen.
Aufkommender Nebel, bewölkter Himmel.

Eine bedrückend gespenstische Atmosphäre.

Es erfolgt eine Durchsage von der Brücke, dass die World Discoverer wegen eines Eisbergs am Kanalende, der die Durchfahrt blockiert, umkehren muss.

Das Schiff wendet auf kleinstem Raum.

Port Lockroy

Wir verlassen den Lemaire-Kanal und nehmen Kurs auf die Station „Port Lockroy".

Es kommt des Öfteren vor, dass wegen schlechter Wetterverhältnisse der Kurs geändert werden muss. Deshalb führt unsere Route „kreuz und quer durch die Antarktis".

Oberhalb der Station „Port Lockroy" befinden sich Brutstätten der Pinguine.
Eine Vielzahl von Nestern, die aus vielen kleinen Steinen zusammengesetzt sind.
Hier brüten sie ihre Eier aus.

Die Pinguin-Frau legt das Ei, der angehende „Papa" brütet es aus.
Die Brutzeit beträgt 63 Tage, die Pinguin-Frau ist indes auf Fischfang.
Die Rollenverteilung kann auch umgekehrt sein.

Pinguine sind nicht nur putzig, sondern auch sehr verantwortungsbewusst.
Selbst bei Temperaturen von unter -50 Grad brüten sie weiter.
Das hängt bei Pinguinen auch mit ihrem aus zahlreichen kleinen, fast haarähnlichen Federn bestehenden Gefieder und ihrer Fettschicht zusammen.

Pinguine sind Vögel, die nicht fliegen können, aber gute Schwimmer und Taucher sind.
Pinguine können bis zu 250 Meter tief tauchen.
Sie sind in der Lage, bis zu 60 Kilometer weit zu schwimmen.

An Land watscheln sie.
Kommen sie aber ans Meer, springen sie mutig in die Wellen.
Pinguine passen sich dem jeweiligen Wellengang elastisch an (vergleichbar mit einem Gummiball).

Im Meer stillt die künftige „Pinguin-Mama" erst einmal ihren Hunger.

Dann stopft sie ihren Leib stapelweise voller Fische, um ihre Familie, den „Pinguin-Papa" und den Nachwuchs (wenn er geschlüpft ist) zu füttern.

Im Rhythmus der Wellen lassen sich Pinguine an Land spülen.

Der Brutplatz der Pinguine kann noch so groß sein, ihr Instinkt führt sie an den richtigen Platz, an dem der „Papa" das Ei ausbrütet.

Interessant, der Fütterung zuzusehen.
Ein Fisch aus dem Bauch der „Mama" flutscht in den ausgestreckten Schnabel des Nachwuchses.

Das Antarktische Meer ist überaus reich an Nahrung, vor allem an Krill.

Vergleichbar mit einem Buffet, auf dem immer wieder nachgelegt wird.

Das Wort „Krill" kommt aus dem Norwegischen und bedeutet soviel wie „Walnahrung".
Es soll sich von dem heute ungebräuchlichen niederländischen Ausdruck „kriel" für „eine kleine Sache" ableiten. Norwegische Walfänger verwendeten diesen Ausdruck für die Kleinkrebse, die sie beim Walfang massenhaft in den Mägen erbeuteter Wale fanden.

Krill im Überfluss

Ein Krill-Weibchen legt während des antarktischen Sommers bis zu 7.000 Eier, die zunächst in die Tiefe sinken und dort reifen.
Nachdem die Larven geschlüpft sind, schwimmen sie zur Wasseroberfläche und treten in Schwärmen auf.

Krill ist eine garnelenartige Krebsart, die bis zu sechs Zentimeter lang werden kann.

Krillschwärme sind ein Paradies für Wale.
Die Wale schwimmen mit geöffnetem Maul durchs Wasser und lassen eine große Menge Wasser in ihren extrem dehnbaren Kehlsack fließen. Danach schließt der Wal seinen Kiefer und drückt das Wasser mit seiner Zunge durch die Barten nach außen. Der Krill und andere im Wasser enthaltene Kleintiere werden von den

Barten wie durch einen Filter zurückgehalten und können so vom Wal problemlos geschluckt werden.

Es heißt, das Maul des Wals sei so groß, dass eine ganze Fußballmannschaft darin Platz findet, einschließlich des Trainers.

Waljagd in der Antarktis

Als man die Nebenprodukte aus dem Fang von Walen erkannte, wurden Wale unbarmherzig gejagt.

Aus der Speckschicht der Wale, dem Blubber, stellte man Öle und Lebertran her.

Die rücksichtslose Waljagd reduzierte den Bestand erheblich. 37.889 Wale wurden in der Antarktis erlegt.

Große, bis zu 40 Meter hohe Öltanks stehen am Strand. Es wurde ein Walöl-Volumen von 120.000 Fässern produziert.

Die Jagd konzentrierte sich in erster Linie auf Pottwale, weil sie eine dicke Fettschicht haben.

Aus der Fettschicht wurde unter anderem ein Stoff namens „Walrat" hergestellt, aus dem man Kosmetika und Kerzen herstellte.

Die Insel „Deception Island" bietet ein tristes Bild.

Wahllos umherliegende Walknochen auf Vulkangestein.

Walknochen, die ihre eigene Geschichte erzählen.
Sie sind Zeitzeugen der rücksichtslosen Waljagd.
Knochen, die in der trockenen Luft der Antarktis lange Zeit erhalten bleiben.

Wir besuchen eine kleine Ansiedlung am Nordende der Whalers Bay.
Ein paar hundert Meter weiter befindet sich eine Start- und Landebahn für Kleinflugzeuge.
1944 errichteten die Briten die erste Forschungsstation auf Deception Island (Deception Island – Base B). Sie wurde bis in die 1960er Jahre für die Flüge des British Antarctic Survey (BAS) genutzt und war vom 3. Februar 1944 bis zum 23. Februar 1969 besetzt.

Der Hangar der BAS ist bis heute erhalten.
Vor der Halle steht ein kleines, ausgebranntes Flugzeug, eine einmotorige DHC-3 Otter.
Daneben steckt ein Metallstab im Boden, auf den ein angebrannter Piloten-Handschuh gestülpt ist.
Parallel dazu liegt ein Kreuz. Wahrscheinlich liegt hier der Pilot begraben.

Die größere Ausführung dieses Flugzeugs, die „Douglas C-54" ist als „Rosinenbomber" im Berlin-Verkehr bekannt geworden, nachdem West-Berlin von jeglicher Nahrungszufuhr abgeschnitten war.
„Rosinenbomber", die im Minutentakt von der Bundesrepublik

Waren nach Berlin-Tempelhof einflogen.

Ich war damals acht oder neun Jahre alt und kann mich noch gut daran erinnern.

Eine Schattenseite deutscher Nachkriegsgeschichte ...

Vulkanismus in der Antarktis

Seit Urzeiten prägen Vulkane die Oberfläche der Antarktis.

Vulkanausbrüche sind eine Urgewalt.
Eine Energie, die nach wissenschaftlichen Erkenntnissen stärker ist, als die Energie einer Atombombe.

Dämpfe, die auch im Antarktischen Meer in die Luft aufsteigen und Leben in ihrer Nähe unmöglich machen.

Durch Vulkanismus ist beispielsweise „Deception Island", eine der Südshetland-Inseln entstanden.

Baden in der Antarktis

Deception Island ist der Rand einer vom Meer gefluteten Caldera mit etwa 13 bis 14 Kilometer Durchmesser.
Durch „Neptuns Blasebalg", eine im Südosten der Insel gelegene, weniger als 400 Meter breite Meerenge, fährt die „World Discoverer" in den auch „Port Forster" genannten Kratersee.

Es geht alles sehr schnell.
Entweder wagt man ein Bad, oder nicht.
Wer lange überlegen muss, sollte lieber Abstand nehmen!

„Ruck-zuck" – schon liegen mein Parka usw. am Strand.
Mit Kapitän Raimund Krüger steige ich in der Caldera von Deception Island ins dampfende Wasser.
Ich bin überrascht über das brühheiße Wasser, während das Wasser gleich daneben eiskalt ist.

Ein Wechselbad nicht nur der Temperaturen, sondern auch der Gefühle.
Eine fast kochende Heißwasserquelle, und nur 50 Zentimeter weiter eiskaltes Wasser.
Wir watscheln wie die Pinguine von einer Zone in die andere.

Das Bad dauert nicht lange.
Schon sind wir wieder draußen und ziehen uns an.

Oberhalb, in etwa 300 Meter Höhe, befindet sich ein Kratersee mit gelblich gefärbtem, schwefelsäurehaltigen Wasser.

Ein kurzer Blick in das Fenster der Erde genügt, zumal der Kraterrand auch noch sehr pulvrig und deshalb auch äußerst rutschig ist.
Nicht vorstellbar, man würde in den Kratersee abrutschen!

oben und unten: Ausflug zu den argentinischen Gauchos

oben: Bunte Häuser in La Boca
unten: Blütenpracht in Ushuaia

oben und unten: Blick auf Ushuaia

oben: Die World Discoverer wartet auf neue Gäste
unten: Der Autor (3. v.l.) mit Kapitän Krüger und seinen Offizieren

oben: Die ersten schneebedeckten Berge der Antarktis
unten: Blick aus dem Kabinenbullauge

oben: Die ersten Eisberge sind in Sicht, das muss gefilmt werden
unten: Packeis soweit das Auge reicht

oben: Packeis und Eisberge, so groß wie unser Schiff
unten: Auch Seehunde brauchen mal eine Pause von dem eiskalten Wasser

oben: Die World Discoverer

oben und unten: Haushohe Eisberge kreuzen unseren Weg

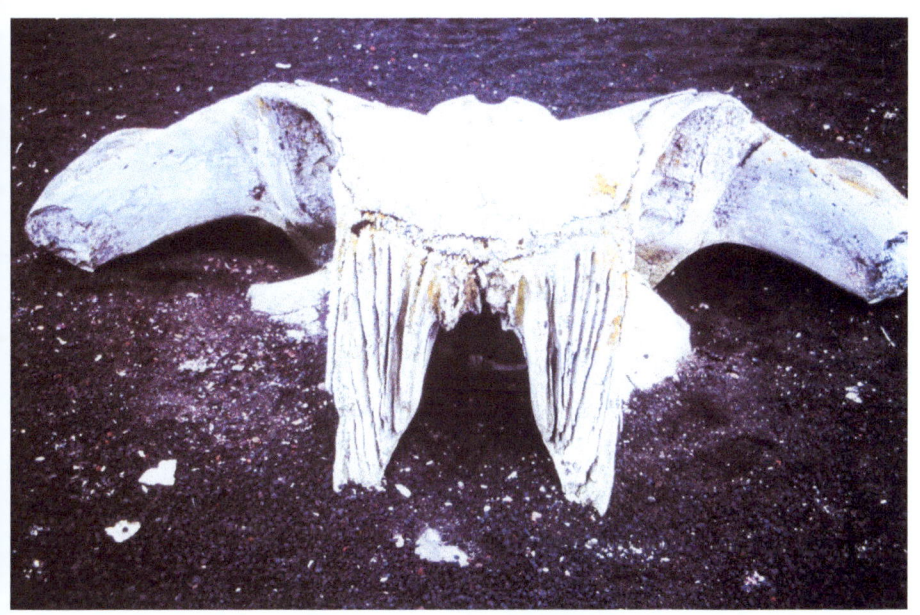

oben: Versteinerter Walknochen
unten links: Eine ganze Fußballmanschaft könnte hier Platz nehmen
unten rechts: Überall findet man solche Walknochen

oben: Die ersten Pinguine begrüßen uns
unten: Am Ufer werden unsere Rettungswesten gesammelt

oben: Eine alte DHC-3 Otter wartet auf ihre Verschrottung
unten: Baden im antarktischen Meer

Forschungsstationen

Es gibt Forschungsstationen, die geschlossen sind oder nur im halbjährlich genutzt werden.
Aber auch Stationen, die ganzjährig besetzt sind.

Bei jeder Exkursion prüft ein Scout, ob die Anlande-Voraussetzungen gewährleistet sind.

Eine Anlandung, die kurz zuvor noch möglich war, ist wegen der sich häufig ändernden Wetter- und Seeverhältnisse nicht mehr möglich.
Der Scout prüft eine neue Stelle, die eine sichere Anlandung gewährleistet.
Erst dann ist die geplante Exkursion möglich.
Die Ausschiffung kann beginnen.

Hochinteressant ist die argentinische Station „Esperanza".
Lautstarke Marschmusik schallt uns entgegen.

Eine Reihe von bunt angestrichenen Container-Behausungen.
Hier leben Familien „mit Kind und Kegel".

Panzerketten-Fahrzeuge in hügeliger Landschaft.

Oberhalb ein Friedhof mit vier Gräbern, davor Kreuze.
Auf den Grabstellen liegt eine Schicht Steine, um die Leichen vor Vögeln zu schützen, die sich „bedienen" wollen.

Eine Friedhofskultur, wie man sie auch im Himalaya trifft, z.B. in Tibet.

Dahinter breitet sich ein Schneefeld aus.
Motorisierte Schlittenfahrzeuge und laut bellende Polarhunde, die an einem Mast angebunden sind.

Huskys, die voller Ungeduld bellen und auf ihren Einsatz warten.
Sie wollen nur eines: laufen, laufen, laufen!

Kaum im Geschirr, rennen sie schon los.
Sie sind einfach nicht zu zähmen, laufen in eine Pinguin-Kolonie hinein.

Die Pinguine sind aufgeschreckt und schmeißen ihre Watschelbeine, so schnell es geht, nach vorn.
Als hätten sie Latschen an, die sie nicht verlieren wollen.
Ein Bild für die Götter!

Plötzlich verheddern sich die Huskys im Geschirr.
Einer beißt den anderen.
Erst ein Gummiknüppel beendet den Streit.

Heute ist der 12. Januar 1979.
Ein Doppelfeiertag für Hans und meinen Sohn Marco.
Marco wird heute fünf Jahre.
Es gibt keine Blumen, denn die einzigen Blumen, die „blühen", sind Eisblumen.

Ich gratuliere ihm zu seinem Geburtstag.

Er fragt mich sofort: „Papa, hast du schon einen Pinguin gefangen? Du wolltest mir doch einen Pinguin schenken!"

Ich lasse mir schnell eine Ausrede einfallen.

„Marco", sage ich, „als ich einen jungen Pinguin aus einer Familie mitnehmen wollte, war die ganze Pinguin-Familie traurig und bat mich, ihn in der Familie zu lassen."

Das versteht er und hält mein Handeln für verständlich.

Rückkehr an Bord.

Gegen Abend setzt starker Schneefall ein.

Umrisse von Eisbergen, die sich gespenstisch zeigen.

Eine Atmosphäre des Schweigens.

Solche Wetterverhältnisse kann man in der Antarktis nur mit einem geeigneten Schiff bewältigen.

Flugplätze im herkömmlichen Sinne gibt es nicht.

Einmal sehe ich auf einer ebenen Eis- und Schneefläche schwarze Stäbe, die eine Landebahn markieren.

Gletscher sind Trinkwasserspeicher

Die Arktis ist voller Gletscher.

Immer mehr Gletscher lösen sich durch die Erderwärmung immer schneller auf.
Das heißt, dass Trinkwasser immer knapper wird.
So ernüchternd ist die Perspektive.

Beim Auflösungsprozess spricht man vom „Kalben" der Gletscher.
Immer mehr Eismasse bricht ab und driftet als Eisberge in die Meere.

Was Wassermangel bedeutet, erleben wir auf der „World Discoverer".
Für vier Wochen sind Wasser und Lebensmittel gebunkert, eigentlich ausreichend für den Zeitraum der Reise.

Wasser kann in der Antarktis nirgendwo getankt werden.
Im äußersten Fall muss die Expedition abgebrochen werden.

An Bord befindet sich zwar eine Wasseraufbereitungsanlage, sie ist aber keineswegs ausreichend.

Feuerwehr am Rande der Welt

Das Gefährlichste in der Antarktis ist Feuer.
Die Luft ist trocken, Löschwasser knapp.
Auf der Insel Ross-Island gibt es sogar eine Feuerwehr.

Das Eis ist gebrochen

Es ist kein Eis im klassischen Sinn, sondern das von Menschen fabrizierte „Eis".

Luftlinie liegen die chilenische Forschungsstation „Eduardo Frei Montalva" und die russische „Bellingshausen-Station" etwa 1 ½ Kilometer auseinander, ohne dass die Besatzungsmitglieder – bis auf unumgängliche technische Kontakte – korrespondieren. Es herrscht sozusagen „Eiszeit" zwischen den beiden Stationen.

In einer Niederung zwischen den beiden Stationen befindet sich ein Volleyballplatz der Russen.

Bei unserem Besuch auf der chilenischen Station erfahren wir, dass die Chilenen gerne ein Spiel ausgetragen hätten.

Am Nachmittag sind wir Gast auf der russischen Bellingshausen-Station.
Sie liegt in einem unebenen Gelände.

Vor dem Eingang zur Station steht ein Richtungsanzeiger, aus dem hervorgeht, aus welchen Orten die Russen kommen.
Nach Moskau sind es von hier aus 15.000 Kilometer, nach Leningrad (heute: St. Petersburg) 15.600 Kilometer.

Die Erde vor der russischen Station ist aufgewühlt, als wäre hier gepflügt worden.
In den Furchen vereinzelt kleine, zarte Pflänzchen.

Oberhalb des Hügels eine Funkstation.

Vor dem Eingang zur russischen Station steht der Leiter, Kommandant Nicolai mit seinem Hund Laika.
Er begrüßt uns herzlich.

Auf der Station werden wir mit Lachs, Brot, Butter und Wurst bedient.
Es gibt Wodka und Bier aus Flaschen.
Wodka, zu dem die Russen „Wässerchen" sagen.
Krimsekt wird kredenzt, und schon bald entsteht ein reges Gespräch.
Die Dolmetscherin wird überflüssig …

Die Gespräche haben ihre eigene Note.
Ein Cocktail aus Russisch und Deutsch sowie eigene Wortschöpfungen und -interpretationen.
Und wenn etwas nicht verstanden wird, helfen „Luftzeichnungen" weiter.

Es ist jedenfalls sehr amüsant, und es wird viel gelacht.

Im Gespräch mit den Russen tragen wir den Wunsch der Chilenen vor, auf dem Platz ein Volleyballspiel auszutragen.

Am nächsten Tag sind Russen und Chilenen Gast auf der „World Discoverer".
Russen, Chilenen und Deutsche sitzen gemischt an einem langen Tisch.
Noch auf dem Schiff wird ein Volleyballspiel zwischen Chilenen und Russen verabredet.
Das Eis wurde gebrochen!

Der Abschied ist herzlich:
„Hasta la vista, Doswidanija und Auf Wiedersehen!"

Tage später besuchen wir eine verlassene chilenische Station.
Auf dem Küchentisch stehen Salz- und Pfefferdosen, daneben liegt eine aufgeschlagene chilenische Zeitung.

Ein Blick in den Schlafraum genügt.
Als wären die Besatzungsmitglieder gerade aus ihren Betten gesprungen.
Eine Frau würde sagen: „Typisch Männerwirtschaft".

In der Küche steht auf dem Herd eine Bratpfanne mit einer undefinierbaren „Pampe".
Im Küchenregal stehen Gemüsedosen.

Nach den Statuten des Antarktis-Vertrags ist es nicht gestattet, irgendetwas als „Souvenir" mitzunehmen.

Beeindruckend ist auch eine Kolonie von etwas über 1.000 Pinguinen.

Pinguine sind nicht nur verlässliche Partner, sondern auch sozial eingestellt.
Bei hohen Minustemperaturen rücken sie in der Gruppe eng zusammen.
Es kommt zu häufigen Wechseln zwischen den am Rand stehenden Pinguinen in den inneren Ring und von innen nach außen.
Dies erfolgt, damit sich die außen stehenden aufwärmen können.
Der Wechsel geschieht unauffällig.

Besuch der amerikanischen Forschungsstation „Palmer-Station"

Vor uns, in hügeliger, öder Landschaft, liegt eine moderne Forschungsstation.
Riesige Rohranlagen, die von Container zu Container führen.

Auffällig junge und freundliche Forscher mit Vollbart.
Ihr Lächeln strahlt Natürlichkeit aus und vermittelt Optimismus.

Die Palmer-Station ist eine biologische Forschungsanstalt, die auch Studien in Bezug auf das Ozonloch betreibt.

Das Ozonloch entsteht jedes Jahr genau über der Antarktis, und zwar auf natürliche Weise und immer zur gleichen Zeit. Auf genauso natürliche Weise bildet es sich auch wieder zurück.

Die Ozonschicht liegt in einer Höhe zwischen 20 und 30 Kilometer.

Ozon ist eine Art Sauerstoff und schützt vor den für Menschen gefährlichen UV-Strahlen, die vermehrt Hautkrebs auslösen.

Forschungen im Weltraum und auf der Erde

Interessant ist, dass die wissenschaftliche Forschung der Menschen immer mehr dem Weltraum zugewandt ist, als unserem Planeten Erde.

Das offensichtliche Interesse, dass sich der Mensch mehr dem Weltraum zuwendet, kann nur mit militärischen Aspekten zu tun haben.

Was geschieht aber auf unserem eigenen Planeten?
Man kann den Eindruck haben, dass der Erde weniger Interesse gilt.

Was geht z.B. in der Tiefsee (ab 2.000 Meter Wassertiefe) vor sich, oder im Tiefseegraben (11.034 Meter tief)?

Auch in diesen Tiefen ist Leben.

Fische, die in totaler Finsternis nach Nahrung suchen.
Sie müssen schon ausgeprägte Sinnesorgane haben.

Es sollen Fische mit etwa ein Meter großen Augen und langen Zähnen sein.

Spuren frühen Lebens in der Antarktis

In der Antarktis hat man am Meeresgrund versteinerte Korallen sowie in Kohleflözen Fossilien gefunden.

Nach wissenschaftlichen Erkenntnissen verändern sich die Pole, ausgelöst durch Drehungen der Magnetfelder.

Das Problem der Einsamkeit

Die Einsamkeit ist ein fundamentales Problem in der Antarktis, vor allem in antarktischen Winter, wenn es Tag und Nacht dunkel ist und eisige Stürme über das Land wehen.

Was Einsamkeit im Empfinden der Menschen bedeutet, erfahren die Menschen weltweit durch die Corona-Pandemie.

Einsamkeit tut weh!
Einsamkeit verursacht Schmerzen, die man spürt.

Einsamkeit auch im Weltraum

Tagelang im Cockpit einer Rakete zu sitzen und die Tableaus auf ihre Funktionsfähigkeit zu überwachen, ist schon mehr als herausfordernd.

Das Gefühl zu haben, in der Unendlichkeit nicht ankommen zu können ...

Ein Druck, der sich im Menschen aufbaut und letztendlich im Gehirn „ankommt" ...

Welch eine innere Befreiung mag es für die Astronauten sein, nach langen Flugstunden endlich die Raumstation zu sehen, anzukoppeln, durch den Gang in die Raumstation zu schweben und endlich wieder Menschen zu treffen, ihre Kollegen zu sehen.

Diese „Ungeduldsphase" muss der Astronaut erstmal überwinden. Es besteht sonst die Gefahr „durchzudrehen".

Wie mag es erst bei monatelangen Flügen – z.B. zum Mars, dem nächstgelegenen Planeten in unserem Sonnensystem – sein?

In der Weltraumfahrt trainieren die Astronauten im antarktischen Winter, wenn es stockdunkel ist.

In der dreijährigen Ausbildungszeit für Astronauten ist die Einsamkeit ein wichtiger Punkt im Ausbildungsplan.

Unsere Exkursion in die Antarktis neigt sich langsam dem Ende zu, vorbei an kleineren und größeren Eisbergen.

Hans und ich stehen am Heck unseres Schiffs und lassen die Eindrücke Revue passieren, als wir an einem kleineren Eisberg vorbeifahren.

Nach etwa 30 Meter kippt der Eisberg plötzlich und zerbricht in zwei Teile.
Dies verursacht eine meterhohe Welle, die fast das Heck überspült hätte.
Vor Schreck vergisst Hans, diese brenzlige Situation zu filmen.

Wie heißt es doch?
Luft und Wasser haben keine Balken!

Kein Tag ohne Überraschungen.

Am nächsten Tag empfängt unser Schiff den Funkspruch von einem Segelschiff, das sich in den antarktischen Gewässern befindet.
Kapitän Krüger ändert den Kurs und steuert auf das Segelschiff zu.

Es ist 12.00 Uhr mittags, als das Segelboot in Sicht kommt.
Die Reling ist voller erwartungsvoller Menschen, die See ist ruhig und die Sonne scheint.

Kapitän des Segelschiffs ist der 55-jährige Holländer Willy de Roos, sein Segelschiff ist die „Williwaw".

Voller Vitalität stellt sich der hagere Grauhaarige im Interview den Kameras und Fragen der Passagiere und erzählt über sein Leben sowie die Fahrt mit seiner Williwaw.

Vor zwei Jahren verließ er mit seinem Segelboot und einem Kumpel den englischen Hafen Falmouth, nahm Kurs auf die Westküste Grönlands, passierte die Beaufort-See und fuhr weiter nach Vancouver, Punta Arenas (Chile) und Kap Hoorn.
Er umrundete Südamerika und befand sich jetzt seit einiger Zeit in der Antarktis.
Sein nächstes Ziel ist die chilenische Antarktisstation „Arturo-Prat-Station", wo er – wie er sagt – Brennstoff tanken will.

Mit einer Flasche Bier in der Hand erzählt Willy de Roos kurz seine Lebensgeschichte.
Der 55-jährige war ein erfolgreicher Geschäftsmann. Er verkaufte sein ganzes Vermögen und umrundet seit zwei Jahren die Welt.
In seinem gestressten Gesicht lässt er die Augen kullern. Er sieht recht müde und abgeschlafft aus, trotz seiner Vitalität.

Der letzte Tag in der Antarktis

Herrlicher Sonnenschein und ruhige See auch am nächsten Tag.

Hans und ich sitzen im sogenannten „Krähennest", dem höchsten Punkt im Vormast des Schiffs.

Wir lassen das Naturwunder „Antarktis" mit seinen extremen Herausforderungen gedanklich noch einmal an uns vorbeiziehen.
Die Gedanken fließen ...

Die Sonne scheint, aber der Wind ist kühl.
Lufttemperaturen von minus drei Grad.

Ein kleiner, wie ein Juwel geschliffener Eisberg, an dem wir vorbeifahren.
In der Sonne leuchtet er wie ein Diamant.

Am Horizont sehen wir das Schwesterschiff der „World Discoverer", die „Lindblad Explorer", mit Kurs auf die Antarktis.
Sie ist am 27. November 2007 in der Nähe der King-George-Insel untergegangen, aber alle Passagiere und Besatzungsmitglieder konnten gerettet werden.

Wie auf Bestellung fährt unser Schiff an einer Eisscholle vorbei.
Auf ihr stehen neun Pinguine in Reih und Glied - kerzengerade, wie Oberkellner eines Spitzenrestaurants. Es fehlt nur noch das weiße Tuch über dem Arm ...

oben und unten: Friedhofskultur gibt es auch kurz vor dem Südpol

oben: Die Bewohner der argentinischen Forschungsstation begrüßen uns
unten: Auch auf der Forschungsstation wird alles im Bild festgehalten

oben: Unterwegs mit den Schlittenhunden
unten: Der Autor spielt nach einer ausgiebigen Tour mit dem Leithund

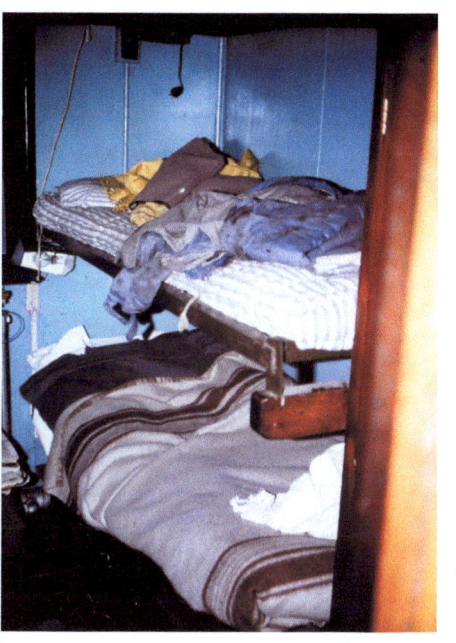

oben: Einfaches Leben in den Hütten der Forschungsstationen
unten: Wissenschaftler der amerikanischen Forschungsstation freuen sich über
die Gespräche mit uns und zeigen uns gerne ihre Arbeit

oben: Im Hinterhof lagern nicht mehr benötigte Gasflaschen
unten: Küchenatmosphäre in der chilenischen Forschungsstation

oben und unten: Seehunde genießen die wärmenden Sonnenstrahlen

oben und unten: Pinguine bestaunen uns genauso wie wir sie ...

oben: Mitten in der Pinguinkolonie
unten: Der Autor zwischen Pinguinen

oben: Willy de Roos erzählt uns seine Lebensgeschichte
unten: Das Segelboot Williwaw

oben: Wir bestaunen zum letzten Mal einen der großen Gletscher
unten: Unseren letzten Abend verbringen wir am Kapitänstisch

Falklandinseln

Auf dem Weg zu den Falklandinseln.

Die Falklandinseln liegen auf der südlichen Halbkugel, und zwar auf dem gleichen Breitengrad, wie Großbritannien auf der Nordhalbkugel.
Insgesamt umfassen die Falklandinseln 12.173 Quadratkilometer. Die meisten von ihnen sind nicht größer als zehn Quadratkilometer.

Niemand hat je daran gedacht, dass ein Krieg gegen die weniger als 3.000 Inselbewohner (fast alle Engländer), 634.000 Schafe und 1 Million Pinguine ausbrechen könnte.

Seit 170 Jahren streiten sich Argentinien und Großbritannien um diese Inselwelt.

Die Briten zählen die Inselgruppe zu ihrem Überseegebiet, die Argentinier wiederum beanspruchen sie geopolitisch zu ihrem Einzugsgebiet.

Die Falklandinseln sind von Argentinien etwa 500 Kilometer entfernt, während sie von Großbritannien rund 13.000 Kilometer entfernt liegen.

Im Jahre 1982 wurden die Falklandinseln durch argentinische Truppen besetzt.

Etwa 1.000 Marinesoldaten hissten in der Hauptstadt Port Stanley auf dem Palast des Gouverneurs die argentinische Nationalflagge und entfernten den Union Jack.

Die Falklandinseln hießen ab sofort „Islas Malvinas" und Port Stanley wurde in „Puerto Argentino" umbenannt.
Das verletzte die englische Seele tiefst, so dass die Briten sofort reagierten, indem sie 36 Kriegsschiffe um die halbe Welt in Marsch setzten und die Falklandinseln zurückeroberten.

Die damalige Chefin Großbritanniens war die amtierende Premierministerin Margaret Thatcher.
Sie wurde ab sofort „die Eiserne Lady" genannt.

Die Übermacht der Briten war riesengroß gegenüber den 1.000 Argentiniern.

Interessant ist in diesem Zusammenhang, dass die „Wehrmacht" der Falklandinseln aus 97 einheimischen Soldaten, davon 24 *teilzeitbeschäftigten* Soldaten, bestand.

Die Briten stellten die alte Ordnung wieder her, es wurde wieder englisch gedacht und gehandelt.

Die Hälfte der männlichen Bevölkerung der Falklandinseln arbeitet in der Schafzucht.
Es besteht ein periodischer Arbeitskräftemangel, so dass man aus Übersee Hilfskräfte anfordert.

Auf den Falklandinseln gibt es keine privat praktizierenden Ärzte, aber in Port Stanley ein gut ausgerüstetes Krankenhaus.

In und um Port Stanley gibt es etwa 19,3 Kilometer Straßen und unbefestigte Fahrwege, auf denen Land Rover, Pferdegespanne und Motorräder fahren.
Eine Eisenbahn gibt es nicht.

Die Hauptstadt Port Stanley ist mit 1.900 Einwohnern im Grunde genommen ein Dorf.
Hier befindet sich eine Rundfunkstation, die vor allem Insel-Nachrichten sendet.
In diesem Zusammenhang hören wir von einem Aufruf, dass unser Expeditionsschiff, die World Discoverer, dringend 50 Dutzend frische Hühnereier benötigt.
Wörtlich heißt es: „Bitte stellen Sie die Eier an der Pier ab!"

Port Stanley erinnert an schottische Kleinstädte.
Einfamilienhäuser mit Gärten.

Nicht zu übersehen ist an der an der Uferstraße liegende Gouverneurspalast mit dem Wintergarten.

Auffallend schlicht ist die im Jahre 1892 erbaute anglikanische Kathedrale, vor der zwei große Kieferknochen von Walen stehen.
Ein Kleinod ist das Museum mit Ausstellungsstücken der Inselwelt.

In Port Stanley befinden sich drei Pubs (Bierstuben).

Zu Fuß über die Insel

Der Weg führt durch eine urwüchsige, mit Gras bewachsene Moorlandschaft.
Eine hügelige Landschaft voller Überraschungen.

Große und kleinere Vögel.
Schwarzbraune Albatrosse und Kormorane.

Kleinere Vögel, etwa so groß wie Tauben, sind äußerst angriffslustig.
Sie fliegen uns Im Tiefflug von hinten an und picken mit ihrem kräftigen Schnabel auf unseren Kopf, um gleich wieder in die Luft aufzusteigen.
Sie haben es besonders auf Hans abgesehen, der seine Arme zur Abwehr hochhält.

Wir verlassen den Weg und wandern durch die Moorlandschaft.
Gut, dass wir Gummistiefel tragen, denn ab und zu ist es sumpfig.

Unter der Grasnarbe offene, höhlenartige Eingänge, in denen sich junge Pinguine aufhalten.
Hier sind sie geschützt.

Tieffliegende Albatrosse mit einer Flügelspannweite bis 3,50 Meter und bis zu 12 Kilogramm schwer.
Das Interessante ist, dass sie im Fliegen schlafen können.

Hinter der Moorlandschaft schließt sich eine hügelige Landschaft an, in der sich ein paar Tausend Pinguine aufhalten.

Mitten in der Pinguin-Kolonie sitze ich mit Gummistiefeln und Jeans, lasse mir die Sonne auf meinen Rücken scheinen und mache mir Aufzeichnungen.

Es ist 18 Grad warm, und ich hole mir einen leichten Sonnenbrand.

Nur kurz gilt mir die Aufmerksamkeit der Pinguine.

Schnattergeräusche, es geht zu wie auf einer Betriebsversammlung.

Nach all den kalten Tagen in der Antarktis tut mir die Sonne richtig gut.

Am Abend besuchen wir einen der drei Pubs.

Auch hier geht es alles andere als ruhig zu!

Peinlich achtet man darauf, dass die Biergläser, überwiegend „Pötte", bis zum Rand gefüllt sind.

Eine Schaumkrone oder gar „bis zum Eichstrich gefüllt", würde sofort zu Protest führen.

Haben die Gläser überhaupt einen Eichstrich? Ich habe nicht darauf geachtet …

Ab 22 Uhr steigt die Spannung, denn man hat nur noch eine Stunde Zeit, Bier zu bestellen.

Zwischen 22 und 23 Uhr läuft der Zapfhahn ununterbrochen.

Ununterbrochen heißt es „Gluck-gluck" bei den meisten Gästen.

Sie leeren die Gläser immer schneller.

Vielfach werden gleich mehrere Gläser im Voraus bestellt.

Doch alles hat ein Ende!
Um Punkt 23.00 Uhr ertönt der Glockenschlag, der Zapfhahn hat Ruh'.

Am nächsten Tag fliegen wir nach Buenos Aires und von dort zurück nach Deutschland.

Nachwort der etwas anderen Art

Dies ist kein Nachwort im eigentlichen Sinne.

Es wurde nicht von mir, sondern der nachstehende Text wurde von Peter Fichte und Véronique Griechen verfasst, die mich seit vielen Jahren bei der Erstellung meiner Bücher unterstützen:

Mit der Exkursion in die Antarktis erreicht Siggi Sawalls Buchreihe »Vom Nordpol bis zum Südpol« ihren Endpunkt. Es ist eine Buchreihe, deren Grundlagen Jahrzehnte vor Erscheinen des ersten Buchs gelegt wurden.

„Es war Weihnachten 1957 in meinem Elternhaus, als mir beim Anblick des geschmückten Weihnachtsbaums zwischen all den dunklen Ästen eine strahlend hellblau leuchtende Kugel auffiel. Genauso stellte ich mir die Erde im Weltraum vor, und die wollte ich erkunden", erinnert sich Globetrotter Siggi Sawall, der inzwischen mehr als 20 Bücher veröffentlicht hat. „Wenn ich heute auf meine vielen Reisen rund um den Globus zurückblicke, erscheint es mir als etwas ganz Besonderes, dass ich die Welt nicht nur aus Büchern oder Publikationen kennengelernt und durch die Brille Anderer gesehen habe. Statt Wert auf Statussymbole wie Auto oder Haus zu legen, bin ich lieber so viel gereist wie möglich und habe Landschaften, Menschen, Tiere und Kulturen auf der ganzen Erde aus erster Hand kennengelernt."

Mit zunehmendem Alter und dem Erreichen der Pensionsgrenze wurde ihm immer wichtiger, sein Wissen um die Welt mit all ihren Besonderheiten und Kuriositäten nicht verloren gehen zu lassen. Also beschloss der in Pommern geborene und in der ehemaligen DDR aufgewachsene Diplom-Verwaltungswirt, der auch als Fußballtorwart beim Wuppertaler Sportverein aktiv war, seine Erlebnisse in Buchform zu veröffentlichen. Also setzte er sich an seinen Schreibtisch und begann zu schreiben. Grundlage aller Bücher wurden seine handschriftlichen Reisenotizen und tausende Dias. „Ich habe auf all meinen Reisen Tagebuch geführt und die Erlebnisse und Besonderheiten jedes Tages notiert", berichtet er. „Das sollten meine ganz persönlichen Erinnerungen sein, und ich hätte nie gedacht, dass ich sie mal einer breiten Öffentlichkeit zugänglich machen würde." Auch seine vielen tausend Dias waren ursprünglich nur für gemütliche Dia-Abende im Kreis der Familie sowie mit Freunden und Bekannten gedacht. „Aber auch meine Kollegen bei der Post hatten großes Interesse an den Dias. Also gestaltete ich für sie Diavorträge, zu denen jedesmal 40 bis 50 Besucher kamen", erinnert sich Sawall. „Weil die Vorträge so gut ankamen und mir so viel Spaß machten, bot ich später sogar Diaabende für die breite Öffentlichkeit an. Auch sie waren immer gut besucht. Daran kann man gut sehen, wie klein und für viele Menschen unbekannt die Welt vor wenigen Jahren doch noch war!"

2004 erschien sein erstes Buch, »Erlebter Nordpol – unterwegs mit dem größten Atomeisbrecher der Welt«. Auf 124 Seiten berichtet Sawall, wie er von Spitzbergen mit einem Hubschrauber auf den damals größten Atomeisbrecher der Welt, die »Yamal«, geflogen wird und durch meterdickes Packeis den Nordpol erreicht. „Die Yamal hat wegen ihres Atomantriebs keine Genehmigung, einen Hafen anzulaufen, um Gäste an Bord zu bringen. Deshalb wird sie im Eis des Nordmeers geparkt, und die Passagiere werden mit Hubschraubern auf den Eisbrecher geflogen", berichtet Sawall. Durch mehr als sechs Meter dickes Eis brach sich der Atomeisbrecher seinen Weg zum Nordpol. Massive Eisbrocken mit bis zu sechs Metern Durchmesser rollten wie Eiswürfel zur Seite. „Als wir am Nordpol, auf 90 Grad Nord, ankamen, blickten wir in jeder Richtung nach Süden", schmunzelt er heute noch und erinnert sich weiter: „Wir hatten sogar die Möglichkeit, bei Lufttemperaturen unter null Grad in einem Eisloch ein kurzes Bad im mehr als 4.000 Meter tiefen und minus 1,5 Grad kalten Wasser zu nehmen."

Bis heute ist Sawall einer von weltweit nur wenigen tausend Menschen, die den nördlichsten Punkt der Erde erreicht haben und auf dem meterdicken Eis der Arktis standen. „Wer weiß, wie lange dieses Erlebnis noch möglich ist", sinniert er mit Blick auf die anscheinend immer schneller fortschreitende Erderwärmung.

Unter dem Eindruck der begeisterten Reaktionen auf seine Dia-Vorträge und des unerwarteten Erfolgs seines ersten Buchs, beschloss Sawall, weitere Bücher zu verfassen und die Buchreihe »Vom Nordpol bis zum Südpol« zu starten.

„Als ich diesen Entschluss fasste, wusste ich weder wie viele Bücher ich schreiben wollte, noch wie ich meine vielen Reisen in mehr als 190 Länder und Regionen der Welt in Buchform bringen sollte", erinnert er sich an seine schriftstellerischen Anfänge. „Aber mit Hilfe meiner Reisetagebücher und vielen tausend Dias entstand von ganz alleine eine Struktur."

Zu dieser Zeit lernte Siggi (eigentlich: Siegfried) Sawall den Journalisten und Weltenbummler Peter Fichte kennen, der unter anderem auch als Moderator für ein großes Radio-Produktionsstudio arbeitete. „Anfang 2005 haben wir eine einstündige Radiosendung über Siggi Sawalls Erlebnisse am Nordpol und sein erstes Buch produziert, die über den Lokalsender Radio Wuppertal ausgestrahlt wurde", erinnert sich Fichte, „Wegen unserer ähnlichen Interessen blieben wir in Kontakt. So entstand eine langjährige, vertrauensvolle und gute Zusammenarbeit."

Das Ergebnis von Sawalls Autorentätigkeit ist beeindruckend: Zwischen 2004 und 2021 entstand nicht nur die 18-bändige Reisebuchreihe »Vom Nordpol bis zum Südpol«, sondern er veröffentlichte auch vier weitere Bücher. In ihnen widmet er sich Themen, die ihn im alltäglichen Leben bewegen. Es geht um die Veränderung der deutschen Sprache, seine ganz persönlichen Erinnerungen an das geteilte und wiedervereinigte Deutschland, gesellschaftliche Entwicklungen in der Welt und einen ganz persönlichen Rückblick auf seine Kindheit und Jugendzeit in Pommern. Genau wie in seinen Reisebüchern nimmt er auch hier kein Blatt vor den Mund, bleibt authentisch und beschreibt die Dinge ehrlich und direkt, so wie er sie sieht. Mit seinen in Jahrzehnten erworbenen, vielfältigen Erfahrungen aus Reisen in mehr als 190 Länder und Regionen zeigt er sich unabhängig von herrschenden

Meinungen und bleibt bei seinen Einordnungen und Erklärungen nur sich selbst verpflichtet.

„Der Besuch des Nordpols war das Erlebnis meines Lebens" resümiert Sawall, „auch wenn ich nahezu alle Länder der Welt zwischen Nordpol und Antarktis bereist habe. Ich war in den kältesten und heißesten Gebieten der Erde, in staubtrockenen Wüsten und auf allen Ozeanen. Ich bin mit der Concorde, der „Tante Ju" und Flugzeugen aller Größen, vom Jumbo-Jet bis hin zu kleinen Sportflugzeugen und klapprigen Flugzeugen, geflogen. Dabei bin ich nicht nur auf großen Flughäfen, sondern auch auf abenteuerlichen Pisten in der Wildnis gestartet oder gelandet. Manche Länder habe ich in Luxuszügen, andere in maroden Zügen und auf abenteuerlichen Bahnstrecken kennengelernt. Ich war auf Expeditions-, Kreuzfahrt- und Flussschiffen aller Größen sowie mit kleinen einheimischen Booten unterwegs. Dabei habe ich sowohl Groß- und Millionenstädte, wie auch menschenleeren und unberührte Naturlandschaften nahezu überall auf der Erde kennengelernt."

Ein weiteres besonderes Erlebnis war für Sawall der Besuch des Ho-Chi-Minh-Pfads in Vietnam. In Begleitung eines französischen Fernsehteams erkundete er das während des Indochina- und Vietnamkriegs genutzte unterirdische Wegenetz, das sich von Nordvietnam über Laos und Kambodscha bis nach Südvietnam erstreckt. Dabei bewegte ihn insbesondere die Geschichte des wohl bekanntesten Fotos des Vietnamkriegs. Es zeigt die nackte, 9-jährige Kim Phúc, wie sie aus einer Napalm-Wolke flieht. „Dieses Bild ist für mich ein Sinnbild für die ganze Grausamkeit und

Sinnlosigkeit von Kriegen", so Sawall.

Um die Welt von den Höhen des Himalayas bis zu den tiefsten Landstellen kennenzulernen, hat er die Welt auch mit ungewöhnlichen Verkehrsmitteln bereist. „Darunter waren auch Vehikel wie von einem anderen Stern", schmunzelt Sawall. Außergewöhnlich waren für ihn auch Reisen mit Expeditionscharakter mit den inzwischen weltweit bekannten »Rotel«-Bussen. „In diesen knallroten Bussen mit ihren 40 Schlafkabinen haben Gaby und ich Amerika und andere Länder kennengelernt", erinnert er sich. „Die Touren waren manchmal recht abenteuerlich und manchmal auch recht unbequem, aber möchte ich keine dieser Reisen und keines dieser Erlebnisse missen." Und sofort fügt er eine Anekdote aus seinem bewegten Leben hinzu: „In diesen roten Bussen war man auch nicht davor gefeit, in den unteren Schlafkabinen nachts von einem Tier heimgesucht zu werden. So legte sich beispielsweise eines Morgens eine riesengroße Wildkatze auf Gabys nackte Füße. Gaby schrie vor Schreck auf – und die Wildkatze nahm Reißaus."

Begegnungen mit wild lebenden Tieren hatte Siggi Sawall immer und überall auf der Welt. Ins Strahlen gerät er, wenn er sich an seine Begegnungen mit Pinguinen erinnert. „Ich finde es so putzig, wenn sie wie ein Ober im Frack kerzengerade auf dem Eis oder den Felsen stehen", sagt er, „und ich mag sie auch wegen ihres sozialen Verhaltens."

Eine aufregende Besonderheit waren für den nach dem Abitur aus der DDR in den Westen geflüchteten Autoren Reisen in seine

Heimat. „Die vielen Formblätter und teils schikanösen Kontrollen sowie die ständige Angst vor Repressalien sorgten bei mir stets für Herzklopfen. Der Grenzübertritt von der BRD in die DDR war für mich oftmals aufregender als eine Reise ans andere Ende der Welt."

Siggi Sawall nahm auch an Reisen teil, bei denen Städtepartnerschaften zwischen seiner Wahlheimat Wuppertal und anderen europäischen sowie außereuropäischen Städten verhandelt oder geschlossen wurden. „Ich freue mich, dass ich zum Beispiel bei Reisen nach St. Etienne in Frankreich oder Košice in der damals noch sozialistischen Slowakei vielleicht ein bisschen zur internationalen Völkerverständigung beitragen konnte", strahlt er.

Weite Reisen und Erlebnisse weitab des Massentourismus bergen manchmal aber auch erhebliche Risiken in sich. Dies musste Siggi Sawall insbesondere nach einer Afrika-Reise leidvoll erfahren. „Bei einer kombinierten Zug- und Flussschiffsreise durch Westafrika habe ich mich mit einem bis heute unbekannten Virus infiziert, der mich beinahe das Leben gekostet hätte", erzählt er. „Auf Reisen, insbesondere bei Expeditionen in die Wildnis, können überall Gefahren lauern. Und die größten Gefahren, wie beispielsweise Krankheitserreger, sieht man überhaupt nicht. Denken Sie nur das als »Coronavirus« benannt gewordene »Sars-CoV2-Virus«, das seit Anfang 2020, also seit mehr als einem Jahr, die Welt in einen bisher noch nie da gewesenen Ausnahmezustand versetzt hat."
Natürlich hat auch er auf seinen vielen Reisen nicht immer alles richtig gemacht. „Aufgrund meiner langjährigen Erfahrung mit

Risiken aller Art handle ich eigentlich immer sehr überlegt", sagt er und räumt ein, „in der Nachbetrachtung war ich aber trotzdem manchmal recht leichtsinnig ..."

Plötzlich hält Sawall inne, ihm ist etwas aufgefallen. „Wir haben jetzt die Corona-Pandemie, und vor 6.000 Jahren haben die Maya genau für diese Zeit – wie ich in meinem Buch »Klänge Lateinamerikas« dargestellt habe – den Weltuntergang angekündigt ... Was sagen jetzt eigentlich die Menschen, die noch vor Kurzem gefragt haben, wo denn der Weltuntergang bleibt?" So entstehen Fragen, mit denen sich Siggi Sawall (nicht nur) in seinen Büchern beschäftigt.

„Es ist schon ein komisches Gefühl, dass meine Buchreihe »Vom Nordpol bis zum Südpol« mit diesem 18. Band mehr als 15 Jahre nach Erscheinen meines ersten Buchs ihren Abschluss gefunden hat", zeigt sich Siggi Sawall wehmütig. Einen kurzen Moment verweilt er in Gedanken und erklärt: „Ich denke gerade an meine Enkel Fabian (9 Jahre), Julius (8 Jahre) und Sofie, die jetzt vier Jahre alt ist. Ob sie wohl Gebiete, die ich in den vergangenen Jahrzehnten besuchte habe, nach der Corona-Pandemie noch bereisen können? Eine Welt, wie sie bisher war, wird es nicht mehr geben. Nach Corona wird die Welt eine ganz andere sein!"

Das Ende der Buchreihe »Vom Nordpol bis zum Südpol« heißt aber noch lange nicht, dass es keine weiteren Bücher des inzwischen über 80jährigen Wuppertaler Globetrotters, Autoren und ehemaligen Torwarts des Wuppertaler Sportvereins geben wird. „Leider verhindern mein Alter, diverse Wehwehchen und die Corona-Epidemie zurzeit größere Reisen", bedauert er. „Ich würde weiterhin gerne reisen und hoffe, dass die kürzlich begonnenen Impfungen gegen das Sars-CoV2-Virus helfen, die weltweite Pandemie zu besiegen oder zumindest in den Griff zu bekommen."

Dass die Welt wieder bereisbar wird, wünscht er insbesondere auch den zwei Menschen, die seine Autorentätigkeit über viele Jahre begleitet haben. „Seit Jahren unterstützen mich Véronique Griechen und Peter Fichte beim Schreiben und Gestalten meiner Bücher", sagt Siggi Sawall, „und für diese gute, immer ehrliche, manchmal kritische, aber vor allem konstruktive Zusammenarbeit bedanke ich mich an dieser Stelle nochmal ganz besonders! Dieser Dank gilt insbesondere auch für dieses, von den Beiden geschriebene, etwas andere Nachwort."

Schlusswort

Liebe Leserinnen und Leser, Sie und Ihr Interesse an meinen Büchern haben mich immer wieder aufs Neue bestärkt, weiterzuschreiben. Nur so konnten meine 18-bändige Buchreihe »Vom Nordpol bis zum Südpol« sowie meine vier außerhalb dieser Reihe erschienenen Bücher entstehen. Hierfür bedanke ich mich ganz herzlich! Bleiben Sie alle gesund und munter!

Ihr

im April 2021

Bisher sind (teilweise auch als E-Book) in der Reihe „Vom Nordpol bis zum Südpol" erschienen:

ISBN: 978-3-8334-0587-7

ISBN: 978-3-8334-3161-6

ISBN: 978-3-8334-5431-8

ISBN: 978-3-8370-4804-9

Siggi Sawall

Von Wassersuppe in die Karibik

Reiseerlebnisse eines
Globetrotters

ISBN: 978-3-8391-0082-0

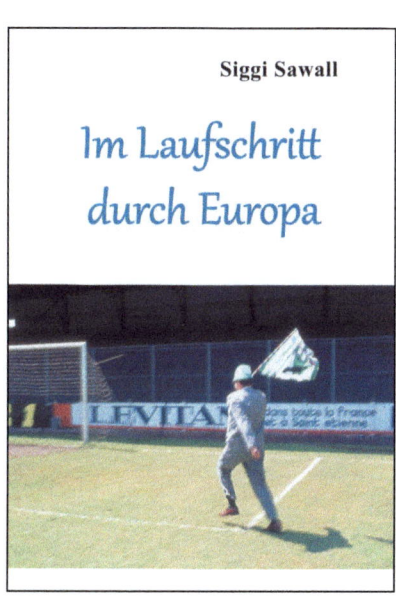

Siggi Sawall

Im Laufschritt durch Europa

ISBN: 978-3-8423-7633-5

SIGGI SAWALL
50.000 KILOMETER UNTER HAMMER UND SICHEL

Kamtschatka
Transsib   Lena
GUS-Staaten
Kaukasus
Armenien
Kiew
Moskau
St. Petersburg

ISBN: 978-3-7322-8359-0

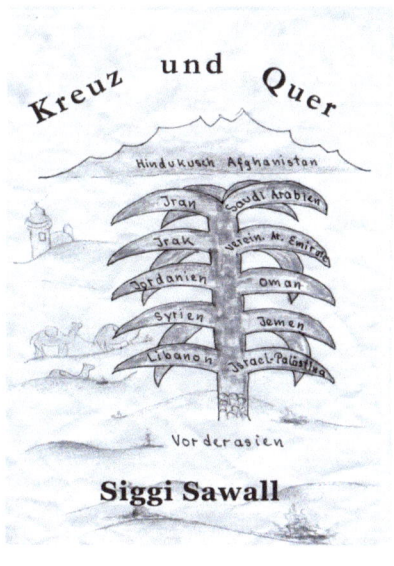

Kreuz und Quer
Hindukusch Afghanistan
Iran   Saudi Arabien
Irak   Verein. M. Emirate
Jordanien   Oman
Syrien   Jemen
Libanon   Israel-Palästina
Vorderasien

Siggi Sawall

ISBN: 978-3-7347-5031-1

Teil 1 :
ISBN: 978-3-7322-4604-5

Vom Dach der Welt

Teil 2:
ISBN: 978-3-7412-4044-7

ISBN: 978-3-7412-6325-5

ISBN: 978-3-7431-1164-6

ISBN: 978-3-7448-0956-6

ISBN: 978-3-7494-2915-8

ISBN: 978-3-7519-0538-1

ISBN: 978-3-7519-5540-9

Siggi Sawall

Zwischen Amazonas
und Titicacasee

ISBN: 978-3-7519-7986-3

Außerhalb der Serie erschienene Bücher:

ISBN: 978-3-8391-2488-8

ISBN: 978-3-8448-0450-8

ISBN: 978-3-8482-2421-0

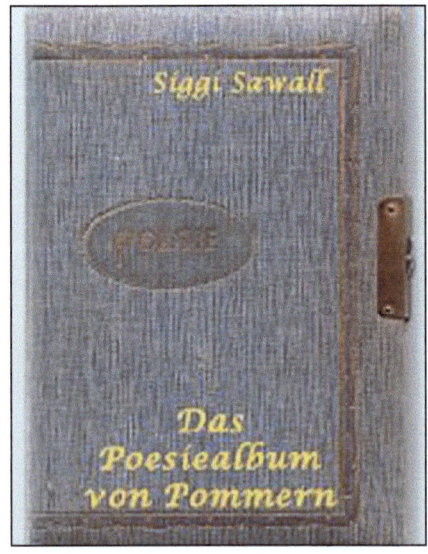

ISBN: 978-3-8482-6727-9